A ARTE DA GUERRA

A ARTE DA GUERRA

SUN TZU

TRADUÇÃO
Elvira Vigna

PREFÁCIO E DEPOIMENTO PESSOAL
Gustavo Cerbasi

EDITORA
NOVA
FRONTEIRA

Título original: *The Art of War*

Editora Nova Fronteira Participações S.A.
Rua Candelária, 60 — 7º andar — Centro — 20091-020
Rio de Janeiro — RJ — Brasil
Tel.: (21) 3882-8200

Imagem de capa: Thomas Damgaard Sabo, Damgaard Photography - GettyImages

CIP-Brasil. Catalogação na publicação
Sindicato Nacional dos Editores de Livros, RJ

T999a Sun Tzu

A arte da guerra / Sun Tzu ; tradução Elvira Vigna.
[Edição especial] Rio de Janeiro : Nova Fronteira, 2022
104 p. ; 12,5 x 18 cm. ; (Clássicos para Todos)

Título original: The art of war

ISBN: 978-65-5640-578-0

1. Ciência militar. 2. Estratégia. I. Vigna, Elvira. II. Título.

CDD: 355
CDU: 355

André Queiroz – CRB-4/2242

Conheça outros livros da editora:

Sumário

“O verdadeiro objetivo da guerra é a paz.”

Sun Tzu

Prefácio

Li *A arte da guerra* pela primeira vez em 2004, quando estava em um momento simbólico de minha vida: acabara de completar trinta anos. Naquele ano, eu voltava ao Brasil após viver alguns meses no exterior, objetivando reordenar minhas escolhas de vida. Foi um sabático precoce, necessário a um profissional que vinha colhendo sucesso em sua carreira, mas que vinha carregando consigo um excesso de funções e sobrecarga de trabalho. Esse desequilíbrio ameaçava minha capacidade criativa e não me permitia refletir adequadamente sobre importantes escolhas. Parar foi necessário para reorganizar as ideias, "zerar" a agenda, fazer planos e voltar a estudar assuntos fora de minha área de atuação. A obra de Sun Tzu foi um desses assuntos.

Como era um momento de reflexão, planos e grandes escolhas, a leitura me influenciou bastante. Mudei a maneira de tomar decisões, de decidir os passos que daria adiante na carreira e de negociar as condições contratuais para cada novo trabalho. Mudei também a maneira de conduzir minhas atividades profissionais, ouvindo menos as pessoas que teriam a ganhar com minha fragilidade e dando mais atenção a quem teria a ganhar com minha força.

Nunca me considerei uma pessoa agressiva, tampouco bom negociador. Continuo assim. Sempre que preciso tomar uma grande decisão de consumo, levo meu exército comigo — meu pai e minha amada Adriana, esses sim, bons negociadores. Mas, após a leitura de *A arte da guerra*, passei a encarar de outro modo as situações potencialmente estressantes. Isso contribuiu até para diminuir meu estresse. Certamente, outras leituras que fiz após essa contribuíram bastante para meu planejamento pessoal e de negócios, mas poucas me apresentaram uma filosofia tão direta e simples quanto os ensinamentos de Sun Tzu. A cada "batalha" que enfrento, não tenho como não me lembrar de alguns ensinamentos aqui aprendidos.

Será a vida uma guerra? Talvez você compartilhe dessa ideia, mas eu não consigo ter uma interpretação tão dramática da vida moderna. A vida já foi permeada por verdadeiras guerras, com suas sangrentas batalhas por terras, riquezas e vidas para aumentar tanto exércitos de guerreiros quanto de escravos. Mas o mundo evoluiu, e com ele a tecnologia que nos traz conforto e produtividade. As relações de trabalho se tornaram menos desiguais, e hoje trabalhadores negociam suas condições com empregadores. Não precisamos mais plantar nosso alimento nos fundos de casa. Compramos o que precisamos para alimentar nossos filhos com o dinheiro que ganhamos trabalhando em confortáveis escritórios.

Antes de sermos lançados à "guerra" do mercado de trabalho, somos preparados durante cerca de 18 anos, sob o amparo de cuidados pedagógicos, metodologias que respeitam as limitações da infância e os processos químicos da evolução cerebral, merendas preparadas sob a tutela de cientistas nutricionais. Sem contar que somos ainda mimados por nossos pais, o que faz com que nossa educação nos insira em uma redoma invisível, que nos ilude para a realidade. Enfim, nosso "preparo para a guerra" é bem diferente do antigo autoritarismo, muitas vezes imposto pelo chicote ou, como prega Sun Tzu, pela decapitação.

A consequência é paradoxal. Apesar da guerra de hoje ser muito mais amena e tranquila do que as guerras do passado, chegamos a ela menos preparados. Somos soldados frouxos participando de uma guerra delicada, que exigiria pouco de um bom guerreiro para ser vencida. As vitórias de hoje não são de um imperador e de seu exército, mas de todos aqueles que seguem caminhos conhecidos que exigem disciplina e algum preparo. Além disso, as vitórias de hoje não pressupõem, necessariamente, que haja derrotados. É possível que a maioria dos que participam do que se convencionou chamar de guerra saiam dela vitoriosos e ilesos.

Apesar desse contexto, a obra de Sun Tzu é de valor inestimável para o trabalhador de hoje, considere-se ele um guerreiro ou não. Não devemos ler os ensinamentos de *A arte da guerra* com a faca nos dentes, imaginando que devemos derrubar nossos concorrentes, passar por cima dos que se opõem a nossas ideias, decapitar a origem dos problemas que nos afligem. As técnicas aqui ensinadas, tão milenares quanto atuais, nos fortalecem como soldados mais bem preparados para desafios, independentemente de quais sejam. Ajudam a blindar nosso espírito contra atitudes mal-intencionadas, preparam-nos para situações de conflito, convidam-nos a buscar o equilíbrio e valorizam o planejamento como estratégia de diferenciação.

Se você tiver sorte, talvez não se sinta em uma guerra, como muitos profissionais se sentem. Mas, inevitavelmente, em vários momentos de sua vida você se verá diante de uma situação de negociação. Talvez na hora de negociar uma promoção, talvez no momento de estabelecer as concessões de cada um no relacionamento com quem você ama, talvez durante a negociação de seu próximo financiamento de automóvel. Tanto faz.

Negociar vai muito além de pechinchar e espremer a outra parte para chegar mais perto do que você considera vantajoso para si mesmo. Em uma boa negociação, você sai ganhando e a outra parte não sente que saiu perdendo. Quando isso acontecer, essa outra parte estará propensa a negociar mais vezes com você, dando-lhe mais oportunidades de vencer.

Mais do que um manual de guerra, a obra de Sun Tzu é um precioso compêndio de técnicas para fortalecer seu poder de negociar e vencer com o mínimo de conflitos. Para aproveitar esse compêndio, você deverá lê-lo com a mente aberta, fazendo analogias entre a realidade do período antes de Cristo e os fatos de sua vida presente. Ao longo da leitura, você se surpreenderá com a atualidade dessa teoria milenar.

Sun Tzu nos indica como lidar, por exemplo, com os fenômenos de massificação, teorizando sobre a visão do exército atuando como toras. Como em um numeroso exército, para ser notado e reconhecido você deverá atingir diversas frentes simultaneamente. Ao ensinar a vencer sem a necessidade de lutar, Sun Tzu mostra como negociar sem se rebaixar ao nível de um inimigo menos preparado.

A administração moderna, base para a gestão das grandes empresas da atualidade, fundamenta-se no planejamento das ações para minimizar riscos. Não era diferente na época de Sun Tzu: "Na guerra, um estrategista vitorioso só abre a batalha quando seus planos indicam ser a vitória uma possibilidade, [...] aquele destinado ao fracasso luta antes de ter planos cuidadosos." A racionalidade também é recomendada pelo estrategista militar: "Não inicie seu movimento à frente a não ser que haja uma vantagem a ser obtida." Incrível como esse manual de guerra reúne em pensamentos tão objetivos as principais bases das complexas teorias modernas. Simples e suficiente, para quem se propõe a seguir princípios.

Interessante notar também a visão que Sun Tzu tem de uma vida mais rica, em que é possível vencer o outro sem destruí-lo, seguindo sua orientação de preservar o exército inimigo, conquistando-o por inteiro. Essa é uma das minhas teorias favoritas, que, no meu trabalho, equivale à recomendação de enriquecer honestamente, ou seja, sem empobrecer ninguém.

Enfim, poderia listar inúmeras analogias que podem ser feitas ao longo da leitura deste maravilhoso texto, mas deixarei que você tire suas próprias conclusões. O soldado é você, a guerra — se assim você entende sua vida — é sua, e você tem em mãos ensinamentos preciosos que fizeram de Sun Tzu um best-seller ao longo de séculos. Seguir essas teorias provavelmente não fará de você uma pessoa mais agressiva ou menos humana, mas sim uma pessoa mais preparada para o que der e vier. Provavelmente, como bom general, isto é, consciente das oportunidades e de seus limites, você se prepare para desvencilhar-se com tamanha competência de situações, de modo que a vida jamais venha a se parecer com aquilo que muitos insistem em chamar de guerra diária. Viva mais feliz, mas colha mais frutos de cada escolha do dia a dia. Esta é uma lição valiosa.

Gustavo Cerbasi[1]

[1] Gustavo Cerbasi é mestre em administração/finanças pela FEA/USP, formado em administração pública pela Fundação Getúlio Vargas (FGV), com especialização em finanças pela Stern School of Business – New York University e pela Fundação Instituto de Administração (FIA), além de lecionar em cursos de pós-graduação e MBAs.

I

DESENVOLVENDO PLANOS

Sun Tzu disse:

A arte da guerra é de vital importância para o Estado. É uma questão de vida ou morte, dela depende o caminho para a segurança ou para a ruína. Desse modo, trata-se de assunto a ser pesquisado e que não pode, de jeito algum, ser negligenciado.

A arte da guerra depende de cinco fatores constantes, que devem ser levados em conta durante a fase de deliberações, quando se tenta determinar quais são as condições que o campo oferece.

São eles: Lei Moral, Paraíso, Terra, Comando e Método e Disciplina.

A *Lei Moral* é aquilo que deixa as pessoas em completa consonância com seu líder, a ponto de fazer com que o sigam a despeito da própria sobrevivência, a despeito de qualquer perigo.

Paraíso quer dizer o dia e a noite, o frio e o calor, a passagem do tempo e as estações do ano.

Terra corresponde a distâncias, ao grande e ao pequeno; ao perigo e à segurança; ao campo aberto e a passagens estreitas; e à aposta na vida ou na morte.

O *Comando* inclui as virtudes da sabedoria, da sinceridade, da benevolência, da coragem e do rigor.

Por *Método e Disciplina* deve ser entendida a organização do exército em suas subdivisões condizentes, as gradações hierárquicas entre oficiais, a manutenção de estradas pelas quais os suprimentos chegarão às tropas e o controle dos gastos militares.

Esses cinco fatores devem ser do conhecimento de todos os generais. Aquele que os conhecer bem será vitorioso; quem não os conhecer fracassará.

Sete perguntas para reflexão

(1) Entre os dois soberanos em guerra, qual está imbuído da lei moral?

(2) Entre os dois generais em guerra, qual tem mais capacidade?

(3) Para que lado pendem as vantagens que nascem do Paraíso e da terra?

(4) Que lado aplica com mais rigor a disciplina?

(5) Qual é o exército mais forte?

(6) De que lado estão os homens e oficiais mais bem treinados?

(7) Qual é o exército que tem mais coerência na aplicação de punições e incentivos?

A partir dessas sete perguntas é possível predizer a vitória e a derrota.

O general que escutar meus conselhos e agir de acordo com eles será o conquistador. Que ele seja mantido no poder! O general que não escutar meus conselhos ou não agir de acordo com eles sofrerá a derrota. Que ele seja destituído! Enquanto estiver refletindo sobre meus conselhos, não deixe de aproveitar quaisquer circunstâncias favoráveis que existam além e independentemente das regras comuns. E, se houver tais circunstâncias favoráveis, modifique seus planos, levando-as em consideração.

Táticas elementares

Toda luta é baseada em algum truque. Assim, se estamos prontos para o ataque, devemos parecer incapazes; ao usar toda nossa força, devemos dar a impressão de inatividade; quando estivermos próximos, é preciso que o inimigo pense que estamos longe; quando estivermos longe, ele deverá achar que estamos próximos. Jogue algumas iscas para excitá-lo. Finja desordem e o aniquile.

Se ele estiver com todos os lados blindados, esteja preparado para ele. Se ele for superior em força, use uma estratégia de evasão. Se seu oponente tiver temperamento colérico, procure irritá-lo. Finja ser fraco para que ele cresça em sua arrogância.

Se ele estiver calmo, não lhe dê sossego. Se as forças dele são coesas, separe-as. Ataque-o quando ele não estiver preparado, surja quando ele menos esperar. As maquinações de guerra que levam à vitória não devem ser divulgadas de antemão.

O general que vence uma batalha é o que gasta muitas horas no templo, em reflexões, antes de a batalha ser encetada. O general que perde uma batalha é aquele que não quer perder tempo em reflexões prévias. Assim, refletir muito leva à vitória e refletir pouco à derrota. E é fácil ver como a ausência de pensamento leva muito mais rapidamente à derrota! É prestando atenção nesse detalhe que consigo saber quem é o provável vencedor e o provável derrotado.

II

EM MEIO À GUERRA

Sun Tzu disse:

Nas operações de guerra haverá no campo mil carros leves, outros tantos pesados, cem mil soldados vestidos de malha, com provisões suficientes para avançar mil li[2] *de distância. Haverá gastos nas vilas e no* front, *incluindo a hospedagem de visitantes e pequenos itens como cola e tinta, e somas para os carros e as armaduras, o que resultará em um total de milhares de onças de prata por dia. Eis o custo de levantar um exército de cem mil homens.*

Quando já se está em plena luta, se a vitória demora a chegar, as armas dos homens perdem o fio e seu ardor arrefece. Se há o cerco a uma cidade, isso pode exaurir as forças de um exército.

É preciso repetir: se a campanha se estender no tempo, os recursos do Estado não se equivalerão aos gastos.

Agora, quando as armas perdem o fio, quando o ardor cai, quando sua força fica exaurida e os recursos acabam, outros poderes aparecerão para tirar vantagem de sua situação extrema. E homem algum, por mais sábio que seja, conseguirá evitar as consequências que se seguirão.

Assim, apesar de já termos escutado algo a respeito de uma urgência estúpida durante uma guerra, nunca houve quem associasse a sabedoria a atrasos. Não há registro de nação que tenha se privilegiado de uma guerra demorada.

---

[2] Uma entre as várias unidades de distância chinesas, equivalente a 576 metros.

Ataque-surpresa

Só aquele que está profundamente consciente de todo o mal de uma guerra poderá compreender profundamente a melhor maneira de guerrear. Um militar competente não exige que lhe deem uma segunda leva de impostos nem exige que seus vagões de suprimentos sejam abastecidos várias vezes seguidas. É preciso trazer material para a guerra, mas é preciso saber tomá-lo do inimigo. Só assim o exército terá o suficiente para cobrir suas necessidades.

A falta de recursos adequados no tesouro do Estado faz com que um exército dependa de contribuições a distância. E contribuir para a manutenção de um exército a distância provoca pobreza no povo.

Por outro lado, a presença de um exército provoca aumento de preços, e preços altos também provocam pobreza no povo.

Mesmo depois de grande parte de sua subsistência ter sido desviada para o exército, o camponês ainda assim se verá afligido por pesados confiscos.

Vivendo à custa do inimigo

Com a perda da capacidade de subsistência e com a exaustão das forças, as casas do povo estarão desprovidas de tudo, e três décimos daquilo que receberiam serão dissipados; e mais quatro décimos estarão comprometidos com as despesas públicas para substituir carros quebrados, cavalos mortos, peitorais, capacetes, arcos e flechas, lanças e escudos, malhas de proteção, bois de canga e vagões pesados.

Assim, um general sábio terá como meta obter provisões do inimigo. Uma carroça de provisões tiradas do inimigo corresponde a 21 de seu próprio manancial, assim como um único picul (cerca de 133 libras) de forragem do inimigo é igual a 21 que venham de seu próprio campo.

Para poder matar o inimigo, os homens precisam estar cheios de raiva; e, ainda que se veja vantagem em derrotar o inimigo, é preciso haver, além disso, estímulos.

Assim, na luta de carros, quando dez ou mais carros forem tomados, os que conseguiram o primeiro devem ser recompensados. Nossas próprias bandeiras devem tremular nos carros do inimigo, e todos os carros devem ser usados juntos, sem distinção. Os soldados capturados devem ser tratados com gentileza e feitos prisioneiros. É isso que se chama usar o inimigo conquistado para aumentar a própria força.

Na guerra, então, que seja a vitória o principal objetivo, e não as longas campanhas.

Desse modo, pode-se entender que o líder dos exércitos é o árbitro do destino de um povo, o homem de quem depende a paz da nação ou sua exposição ao perigo.

III

O ATAQUE ATRAVÉS DE ESTRATAGEMAS

Sun Tzu disse:

Na implementação prática da arte da guerra, a melhor coisa a fazer é tomar todo o território inimigo, intacto e completo; dividi-lo em partes e destruí-lo diminuirá seu lucro com a posse. Da mesma maneira, é melhor capturar um exército inteiro do que destruí-lo; capturar um regimento, um destacamento ou uma tropa inteira é melhor do que os aniquilar.

Assim sendo, lutar todas as batalhas não é um comportamento de excelência; a suprema excelência consiste em quebrar a resistência do inimigo, sem luta.

Logo, a melhor forma de comandar é arruinar os planos do inimigo. A segunda melhor é impedir a integração das forças do inimigo. A terceira é lutar com o inimigo no campo de batalha. E a pior política de todas é sitiar as cidades muradas do inimigo.

O cerco como guerra

A regra é não sitiar cidades muradas do inimigo, se isso puder ser evitado. O preparo dos abrigos individuais, dos abrigos coletivos móveis e dos outros instrumentos de guerra levará três meses inteiros; a construção de montes de terra que fiquem na altura das muralhas, mais três meses.

O general incapaz de controlar sua impaciência empurrará seus homens para o ataque como se fossem formigas pululando, e o resultado será que um terço deles morrerá enquanto a cidade-alvo continuará intocada. Tais são os resultados prováveis e desastrosos de um cerco.

Ao contrário, um líder capaz conseguirá submeter sem luta as tropas do inimigo; capturará suas cidades sem lhes impor um cerco; conseguirá derrubar o reino inimigo sem precisar de longas operações de campo.

Com suas forças intactas, ele desafiará o poder de um império e, sem perder um único homem, alcançará o triunfo total. É isso que quer dizer atacar usando estratagemas.

Vantagem numérica

Existe essa regra na guerra: se suas forças são de dez para um em relação às do inimigo, cerque-o; se são de cinco para um, ataque-o; se suas forças são o dobro das do inimigo, divida seu exército em dois.

De igual para igual, poderá haver uma batalha; se ligeiramente inferior em número, devemos evitar o confronto; se de todo modo estivermos em uma relação desigual, o melhor será fugir. Porque, apesar de um exército pequeno e obstinado conseguir lutar, ao final ele será capturado pela força superior.

É preciso lembrar que um general é o bastião do Estado: se esse bastião for uma muralha sem brechas, o Estado se manterá forte; se houver falhas, o Estado se tornará fraco.

Há três maneiras pelas quais um líder arriscará atrair a desgraça para seus homens:

Dando ordens para avançar ou retroceder, sem perceber que a obediência a tal coisa é impossível. Eles não sairão do lugar.

Dando ordens a soldados como se fossem civis do reino, sem perceber que as condições militares são diferentes. Eles ficarão insatisfeitos.

Utilizando sem discernimento o potencial dos oficiais, sem perceber que há um princípio na guerra, que é o de adaptar a ação a cada circunstância. Eles ficarão com a confiança abalada.

E, quando um exército está insatisfeito e com a confiança abalada, é certo que haverá problemas com chefes rivais. Agir dessa maneira é o equivalente a trazer a anarquia para dentro do exército e jogar fora a possibilidade de vitória.

Assim, é fácil saber quais são os cinco itens essenciais a uma vitória:

Vencerá aquele que sabe quando lutar e quando não lutar.

Vencerá aquele que sabe como lidar com forças inimigas superiores e com forças inimigas inferiores.

Vencerá aquele cujo exército está integrado em um mesmo espírito, em todos os níveis de sua hierarquia.

Vencerá aquele que, tendo se preparado, espera para dobrar o inimigo quando ele não estiver preparado.

Vencerá aquele que tem habilidade militar e não sofre interferência do soberano.

A vitória está à espera de quem conhece esses cinco pontos.

É daí que vem o ditado: se você conhecer o inimigo e conhecer a si mesmo, não precisará ter medo do resultado de cem batalhas. Se você conhecer a si mesmo, mas não conhecer o inimigo, para cada vitória conquistada haverá uma derrota. Se você não conhecer o inimigo nem a si mesmo, irá fracassar em todas as batalhas.

IV

DISPOSIÇÕES TÁTICAS

Sun Tzu disse:

Os valorosos lutadores de antigamente primeiro se punham em posição de não poder ser derrotados e só aí esperavam uma oportunidade para vencer o inimigo.

A garantia de não sermos derrotados está em nossas próprias mãos, mas a oportunidade de vitória sobre o inimigo é dada pelo próprio inimigo.

Assim, o bom lutador é capaz de proteger-se contra a derrota, mas não pode tomar como certa a derrota do inimigo.

Vem daí o ditado: uma pessoa pode *saber* do que precisa para obter uma conquista, sem ter os meios de obtê-la.

Garantir-se contra derrotas implica usar táticas defensivas; ter habilidade para derrotar o inimigo significa tomar a ofensiva.

Manter-se na defensiva indica força insuficiente; manter-se no ataque, força em excesso.

Um general hábil na defesa esconde-se em recessos desconhecidos da Terra; um general bom no ataque brilha no pico mais alto do Paraíso. Pois, se de um lado temos a capacidade de nos proteger, do outro temos a possibilidade de uma vitória completa.

Enxergar uma possibilidade de vitória quando ela está à vista de todo o rebanho não é o cúmulo da excelência. Também não é o cúmulo da excelência obter uma vitória diante da qual todo o império exclama: "Até que enfim!"

Levantar uma folha caída no chão não é sinal de excepcional força física; enxergar o Sol e a Lua não é sinal de uma visão arguta; escutar o barulho do trovão não significa ter um ouvido particularmente aguçado. O que os antigos chamavam de um bom lutador não é aquele que vence, mas aquele que vence com facilidade.

Desse modo, suas vitórias não lhe trazem fama por ter sido muito esperto ou crédito por ter sido muito corajoso. Ele é um vencedor porque não comete erros. Evitar erros é o que determina a vitória, e isso quer dizer conquistar um inimigo que já está derrotado de antemão.

Para evitar derrotas

Assim sendo, um lutador habilidoso põe-se em posição tal que sua derrota se torna impossível e não perde oportunidades de derrotar o inimigo.

É por isso que, na guerra, um estrategista vitorioso só procura a batalha quando seus planos indicam a possibilidade de uma vitória. E é por isso que aquele destinado ao fracasso luta antes de ter planos cuidadosos, achando que a vitória pode acontecer sem isso.

Um líder consumado cultiva a lei moral e adota sem restrições método e disciplina. Desse modo, ele mantém em seu poder o controle sobre o sucesso.

Em relação ao método da guerra, temos: primeiro, a avaliação; segundo, a estimativa quantitativa; terceiro, o cálculo; quarto, a comparação das oportunidades; quinto, a vitória.

A avaliação existe no âmbito da Terra; a estimativa quantitativa está no âmbito da avaliação; o cálculo integra a estimativa quantitativa; a comparação das oportunidades está no cálculo; e a vitória está na comparação das oportunidades.

Um exército vitorioso, quando comparado ao que será derrotado, é como um peso de chumbo em uma balança que tem um grão de arroz no outro prato. O vagalhão da força conquistadora se compara ao despejar de águas furiosas em um poço de águas paradas. E isso é tudo em relação às disposições táticas.

V

O USO DA ENERGIA

Sun Tzu disse:

Controlar uma força numerosa não é diferente, em princípio, de controlar poucos homens. É só uma questão de dividir o número total.

Desse modo, lutar com um grande exército sob seu comando não é diferente de lutar com um pequeno exército. É meramente uma questão de instituir signos e sinais.

Garantir que a totalidade de seus homens suportará o peso do ataque inimigo, mantendo-se incólume, depende de manobras diretas e de manobras indiretas.

Que o impacto de seu exército seja como o de uma lixa passando suavemente sobre a casca de um ovo, guiado por essa ciência que estuda a fricção entre pontos fracos e pontos fortes.

Seja qual for a luta, métodos diretos podem ser usados no calor de uma batalha, mas serão os métodos indiretos os necessários para garantir a vitória.

Táticas indiretas, quando eficientemente aplicadas, são inexauríveis como o Paraíso e a Terra; infindáveis como o fluxo ininterrupto de rios e correntezas; como o Sol e a Lua, elas terminam seu percurso apenas para recomeçá-lo outra vez; assim como as quatro estações, elas vão e voltam.

Não há mais que cinco notas musicais em nossas melodias, mas as combinações delas dão origem a mais músicas do que será possível ouvir durante toda uma vida.[3] Só há três cores primárias, mas sua combinação produz mais tonalidades do que o olho pode ver. Só há cinco sabores básicos, mas, combinados, são mais sutis do que a capacidade de nossa boca em apreendê-los.

Na guerra, não há mais que dois métodos de ataque — o direto e o indireto. No entanto, a combinação deles é fonte de uma quantidade infinita de manobras. A cada vez um método se impõe como principal sobre o outro. É como se mover em um círculo — nunca se chega ao fim. Quem poderia exaurir as possibilidades de tais combinações?

Tropas, ao se porem em marcha, são como uma torrente que tira do lugar até mesmo as pedras que estão no caminho.

Decisões, ao serem tomadas, são como o mergulho preciso do falcão que o capacita a apanhar e destruir sua vítima.

Assim, o bom lutador será muito rápido ao se decidir e terrível uma vez em marcha.

A decisão libera a força

Energia é o que tensiona o arco; decisão é o que solta a flecha. Em meio à confusão e ao tumulto de uma batalha, pode-se pensar que há desordem ou perceber que não há desordem nenhuma. Em meio à confusão e ao caos, a disposição das tropas pode parecer não ter pé nem cabeça e, ainda assim, elas podem estar blindadas contra a derrota.

Desordem simulada é o disfarce de uma perfeita disciplina; medo simulado é um disfarce para a coragem; fraqueza simulada é um disfarce da força.

---

[3] Nessa passagem, Sun Tzu estava se referindo às notas musicais usadas na China antiga.

Esconder a ordem sob o manto da desordem é uma simples questão de manejar subdivisões; disfarçar a coragem sob o teatro da aparente timidez protege uma reserva de energia latente; mascarar a força com a cara da fraqueza é ser eficiente em matéria de disposições táticas.

Assim, aquele que é mestre em manter o inimigo intranquilo é aquele que constrói aparências enganosas, a partir das quais o inimigo é levado a agir.

Ao lançar chamarizes ao inimigo, ele o induz a se movimentar sem descanso; e aí, com um corpo de homens bem escolhidos, fica à espreita de uma oportunidade.

Um combatente esperto buscará o benefício de energias somadas e não exigirá muito de indivíduos isolados. Daí ser importante saber escolher os homens certos, para poder utilizar a energia conjunta deles.

Quando o bom combatente utiliza a energia somada de seus lutadores, estes se parecem com toras de madeira que despencam juntas sobre o inimigo; ou com pedras rolando sobre ele. Porque é da natureza da tora ou da pedra manter-se imóvel quando está no nível do chão, mas correr no declive; manter-se imóvel se tiver quatro quinas, mas correr solta e rápida se for redonda.

Assim, a energia desenvolvida por bons combatentes é igual à energia de uma pedra sem arestas que se desprende de uma montanha a milhares de metros de altura. E isso é tudo sobre o assunto energia.

VI

PONTOS FRACOS E PONTOS FORTES

Sun Tzu disse:

Aquele que antecipa sua chegada ao campo de batalha e lá espera pela chegada do inimigo estará descansado para a luta; no entanto, aquele que chega atrasado ao campo de batalha terá de correr para se preparar e ficará exausto.

Assim sendo, o combatente esperto imporá sua vontade ao inimigo e não permitirá que a vontade do outro lhe seja imposta.

Ao lhe oferecer vantagens falsas, o combatente esperto poderá provocar a aproximação do inimigo a qualquer momento que isso for conveniente; ao contrário, ao lhe fustigar com danos, ele poderá impedir que seu inimigo se aproxime se o momento não for apropriado.

Se o inimigo estiver despreocupado, o combatente esperto poderá provocá-lo com ataques sucessivos; se estiver cheio de suprimentos, poderá fazer com que passe fome; se estiver quieto em seu acampamento, poderá forçá-lo a se mover.

Poderá mostrar sua presença de forma pontual para que o inimigo se veja obrigado a se apressar para se defender; ou surgir em locais onde não é esperado pelo inimigo.

Não há problema se o exército marchar por longas distâncias se a marcha ocorrer em um território onde o inimigo não está.

Não há dúvidas quanto ao sucesso de ataques feitos contra locais que não estão sendo defendidos. A defesa estará garantida se ocupar posições que não podem ser atacadas.

Assim, um general poderá ser chamado de talentoso no ataque se o oponente não souber o que deve defender; e será talentoso na defesa se seu oponente não souber o que deve atacar.

Sutileza e discrição

Ó divina arte da sutileza e da discrição! Através de ti aprendemos a ser invisíveis; através de ti somos inaudíveis; e desse modo temos o destino do inimigo em nossas mãos.

O avanço sobre o inimigo pode ser irresistível se o destino for seus pontos mais fracos; e a retirada pode se dar em segurança e sem perseguições se seus movimentos forem mais rápidos do que os do inimigo.

Se desejarmos a luta, o inimigo poderá ser forçado a sair e nos enfrentar, ainda que esteja em abrigo seguro no alto de uma colina ou no fundo de uma trincheira. Tudo que temos a fazer é atacá-lo em algum ponto que ele se veja obrigado a socorrer.

Se não desejarmos a luta, o inimigo poderá ser impedido de nos confrontar, ainda que tudo que houver para proteger nosso acampamento sejam linhas traçadas na areia. Tudo que temos a fazer é atirar algo incomum ou inesperado em seu caminho.

Ao desvendar as disposições do inimigo enquanto encobrimos as nossas, conseguimos garantir nossa concentração de forças enquanto o inimigo dispersa as dele.

Poderemos, então, nos constituir como um bloco único e sólido enquanto obrigamos o inimigo a se dividir em várias frações. Desse modo, haverá uma frontalidade homogênea atrás da qual nós estamos, oposta às partes separadas do outro; o que quer dizer que seremos muitos em uma massa coesa em relação à rarefação das forças do inimigo, dispersas em suas partes separadas.

E se, desse modo, conseguirmos atacar uma força inferior com nossa força superior, nossos oponentes ficarão em terríveis dificuldades.

A discrição sobre o local da batalha

O local onde planejamos abrir a luta não deve se tornar conhecido; porque, desse modo, o inimigo terá de se preparar contra um possível ataque em vários pontos diferentes; e suas forças terão, portanto, de ser enviadas em várias direções diferentes, com a consequência de que o número que teremos de enfrentar em qualquer desses pontos será sempre proporcionalmente menor que o nosso.

Pois, toda vez que o inimigo precisar fortalecer suas tropas de frente, terá de enfraquecer a retaguarda; se fortalecer a retaguarda, enfraquecerá a frente; fortalecendo-se à esquerda, deixará fraca a direita; fortalecendo-se à direita, deixará desprotegida sua esquerda. Se mandar reforços para todos os lados, todos os lados estarão fracos.

A inferioridade numérica advém dessa necessidade de se preparar contra vários ataques possíveis; a vantagem numérica advém quando induzimos nosso adversário a se preparar assim contra nós.

Se determinarmos o lugar e o momento da próxima batalha, poderemos nos concentrar em meio a um eixo abrangendo grandes distâncias — e nos preparar para a luta.

Mas, se nem o momento nem o local nos forem conhecidos, a ala esquerda do exército será incapaz de socorrer a direita, a direita ficará igualmente incapaz de socorrer a esquerda, as linhas de frente não poderão ajudar a retaguarda, nem a retaguarda poderá dar apoio a quem está na frente. Muito pior será a situação se a parte mais avançada da armada estiver a centenas de *li* de distância e se mesmo a tropa mais próxima estiver separada de nós por vários *li*.

Se essa for a situação, mesmo se, por exemplo, os soldados de Yüeh excederem os nossos em quantidade, essa vantagem não lhes servirá de nada na hora de obter a vitória. Direi então que podemos vencer.

Quando o inimigo for mais forte em número de homens, poderemos impedi-lo de lutar. Para isso, é preciso achar uma maneira de descobrir seus planos e suas possibilidades de sucesso.

Buscando os pontos fracos do inimigo

Provoque-o e descubra quais são as características de seus movimentos e de sua inatividade. Force-o a se revelar para descobrir seus pontos vulneráveis.

Compare cuidadosamente o exército inimigo ao seu para saber onde há excesso de força e onde ela é deficiente.

Em matéria de disposições táticas, o melhor lance é escondê-las; mantenha-as em segredo e sua força militar estará a salvo do espião mais sutil, a salvo das maquinações da mente mais arguta.

O que o homem comum parece não compreender é que a vitória pode nascer desse embate de táticas, das nossas e das do inimigo.

O homem comum consegue compreender a importância das táticas que empregamos durante uma conquista; o que ninguém vê é a importância da estratégia anterior, que é de onde surgem as conquistas.

Não repita a tática que já lhe deu a vitória uma vez; ao contrário, permita que seus métodos sigam a variedade infinita das circunstâncias.

Táticas são fluidas

Táticas militares são como um curso d'água, pois a água sempre segue seu caminho, indo de um lugar mais alto para o mais baixo. Da mesma maneira, na guerra, deixa-se o mais forte para depois, começando o ataque pelo ponto mais fraco.

A água adquire a forma do leito onde corre; o soldado molda sua vitória a partir do inimigo que enfrenta.

Assim, da mesma maneira que a água não mantém uma forma sempre igual, na guerra não há condições que sejam sempre iguais.

Aquele que consegue modificar suas táticas a partir de cada oponente que precisa enfrentar, obtendo dessa maneira a vitória, pode ser chamado de um líder filho do Paraíso.

Os cinco elementos naturais (água, fogo, madeira, metal e terra) não se mostram o tempo todo da mesma forma; as quatro estações se sucedem, em sequência. Há dias mais curtos que outros; a Lua tem suas épocas de brilho e de esvaecimentos.

VII

MANOBRANDO UM EXÉRCITO

Sun Tzu disse:

Na guerra, o general recebe ordens de seu soberano.

Depois de reunir homens suficientes para formar um exército e concentrar suas forças, o general precisa integrar e harmonizar muitos elementos diferentes antes de marchar para o campo de batalha.

Além disso, precisa estabelecer suas manobras táticas, e não há nada mais difícil. A dificuldade das manobras táticas consiste em ver claro o que é dúbio, em ver vantagem onde há desvantagem.

Por exemplo, seguir uma rota longa e circular, depois de ludibriar o inimigo para afastá-lo do caminho, e então, mesmo estando em desvantagem geográfica, correr para atingir a meta antes dele, eis o que demonstra bom conhecimento do artifício do *diversionismo*.

Fazer tais manobras com um exército é muito vantajoso; com uma multidão indisciplinada é muito perigoso.

Se um exército inteiro se põe em marcha, com todos os equipamentos completos, buscando obter uma vantagem sobre o inimigo, o mais provável é que não o consiga por causa de atrasos. Se apenas uma coluna ágil se põe em marcha com o mesmo propósito, isso significa o sacrifício de seus pertences e bagagens.

Se todos os homens de um exército encetam marcha forçada, sem descanso, dia e noite, cobrindo o dobro da distância usual em cada caminhada, cobrindo uma centena de *li* para obter uma situação vantajosa, os líderes da primeira, segunda e terceira divisões desse exército cairão nas mãos do inimigo.

Os melhores homens estarão sempre à frente, os mais fracos cairão atrás e, assim, apenas um terço de seu exército chegará ao destino.

Se a marcha necessária para obter a situação vantajosa for de cinquenta *li*, seu exército perderá o líder da primeira divisão e apenas metade de seus homens chegará ao destino.

Se a marcha for de trinta *li* para obter o mesmo objetivo, dois terços de seu exército chegarão ao destino.

Táticas não amarradas

Podemos chegar à conclusão, então, de que um exército sem seu trem de carga estará perdido; sem suas provisões estará perdido; sem suas bases de suprimento estará perdido.

Não podemos aceitar alianças com nossos vizinhos sem saber quais são os desígnios deles.

Não somos aptos a liderar a marcha de um exército a menos que estejamos familiarizados com a aparência do terreno — suas montanhas e florestas, suas armadilhas.

Não podemos usar as características naturais do terreno em nosso benefício a não ser nos servindo de guias locais.

Precisamos, na guerra, praticar a dissimulação para obter sucesso. E nos mover apenas quando há um benefício real a ser alcançado com tal ação.

Nossa decisão de concentrar ou dividir as tropas vai depender de cada circunstância.

Tenhamos a rapidez do vento, a compactação de uma floresta. Em questão de assaltos e invasões, sejamos como o fogo e, quando parados, como uma montanha.

Mantenhamos nossos planos tão invisíveis e impenetráveis quanto a noite e, quando em movimento, caiamos como um relâmpago sobre o inimigo.

Ao tomar de assalto uma região, devemos permitir que o butim seja dividido entre os homens; quando capturarmos um novo território, dividamo-lo em lotes para o benefício dos soldados.

Precisamos ponderar e deliberar antes de agir.

Aquele que aprender a usar o artifício do diversionismo será um conquistador. Eis a arte de fazer manobras.

Gongos, tambores, estandartes, bandeiras

O *Manual da administração militar* diz: em um campo de batalha, a voz que formula palavras não chega muito longe, daí a necessidade de gongos e tambores. Tampouco objetos de tamanho comum podem ser vistos a distância, daí o uso de estandartes e bandeiras.

Gongos e tambores, estandartes e bandeiras são os meios pelos quais os olhos e ouvidos de uma multidão podem ser direcionados a um alvo específico.

É assim que essa multidão se torna um só corpo, no qual fica impossível aos muito bravos avançar sozinhos ou aos muito covardes se retirar sozinhos. Essa é a arte de lidar com uma multidão de homens.

Assim sendo, em embates noturnos, é preciso fazer uso extenso de fogos de sinalização e tambores, e, em lutas diurnas, de bandeiras e estandartes, para guiar os homens através de seus ouvidos e olhos.

Um exército inteiro pode se ver privado de seu ânimo; um comandante em chefe pode se ver privado de sua presença de espírito.

O ânimo do soldado estará mais agudo pela manhã; ao meio-dia começará a falhar, e à noite a única coisa que domina o pensamento do soldado é a vontade de voltar para o acampamento.

Um general esperto, então, evitará a batalha quando os homens do inimigo estiverem com o ânimo mais elevado e atacará quando o ânimo deles estiver mais fraco e inclinado a se recolher. Essa é a arte de estudar os estados de espírito.

Autodomínio e força

Com disciplina e calma, esperar o surgimento da indisciplina e do nervosismo nas tropas inimigas — eis a arte de manter o autodomínio.

Estar próximo da meta da conquista enquanto o inimigo ainda se encontra longe; aguardar relaxadamente enquanto o inimigo faz esforços e se cansa; manter-se bem-alimentado enquanto o inimigo está faminto — essa é a arte de administrar a própria força.

Abster-se de interceptar o inimigo quando os regimentos dele demonstram perfeita ordem; abster-se de atacar o inimigo quando ele demonstra calma e confiança — eis a arte de estudar as circunstâncias.

É um axioma militar não avançar ladeira acima nem se opor a um avanço ladeira abaixo.

Não persiga um inimigo que apenas finge se retirar; não ataque soldados cuja principal característica seja a astúcia.

Não engula a isca jogada pelo inimigo. Não perturbe um exército que faz uma retirada em seu próprio território.

Quando cercar um exército, deixe sempre uma saída livre. Não se deve pressionar em demasia um inimigo desesperado.

Essa é a arte da guerra.

VIII

VARIAÇÕES DAS TÁTICAS

Sun Tzu disse:

Na guerra, o general recebe ordem de seu soberano, reúne um exército e concentra suas forças.

Para acampar, evite se posicionar em locais difíceis. Posicionamentos em encruzilhadas pedem maior coesão com os aliados. Não prolongue sua estada em posicionamentos isolados e perigosos. Quando em posicionamentos sujeitos a cerco, lance mão de estratagemas. Se seu posicionamento for desesperador, inicie a luta.

Há estradas que não devem ser palmilhadas, exércitos que não devem ser atacados, cidades que não devem ser cercadas, posições que não devem ser desafiadas, ordens do soberano que não devem ser obedecidas.

Táticas flexíveis

Um general que compreende profundamente a vantagem de variar suas táticas sempre saberá o que fazer com suas tropas.

Um general que não compreende a vantagem de variar suas táticas poderá até estar bem familiarizado com a configuração de um terreno, mas não conseguirá transformar esse saber em benefícios práticos.

O estudioso da arte da guerra que não seja versado na arte de flexibilizar planos, mesmo quando familiarizado com as Cinco Vantagens, fracassará em seu intento de utilizá-las para obter o melhor para seus homens.

Sendo assim, de acordo com o planejamento feito por um líder esclarecido, considerar o que pode ser vantajoso ou não sempre levará em conta um contexto. Se o esforço em descobrir vantagens for feito dessa maneira, poderemos ter sucesso na maior parte de nossos planos.

Por outro lado, se, quando cercados de dificuldades, estivermos atentos ao surgimento de uma oportunidade, poderemos nos livrar da desgraça.

Reduza a atuação de chefes hostis infligindo-lhes perdas constantes; dê-lhes problemas contínuos e faça com que fiquem atarefados sem descanso; crie situações para atraí-los, fazendo com que corram sem parar de um lugar para outro.

Estar pronto vale a pena

A arte da guerra nos ensina a confiar não na possibilidade de um não enfrentamento, mas em nosso próprio preparo para qualquer enfrentamento; não na possibilidade de que determinado inimigo não nos ataque, mas no fato de que nossas posições são inatacáveis.

Há cinco defeitos perigosos que podem afetar um general: ser descuidado, o que leva à destruição de seu exército; ser covarde, o que leva à sua captura; ter temperamento impetuoso, o que o faz vulnerável a insultos; demonstrar sensibilidade exacerbada em relação à honra, o que o torna uma presa da vergonha; exercer proteção exagerada em relação a seus homens, o que o leva a afundar em problemas e preocupações. Esses são os cinco pecados desastrosos que podem acometer um general e que são ruinosos para a condução de uma guerra.

Quando ouvimos que um exército foi derrotado e seu líder morto, a causa certamente estará em um desses cinco defeitos perigosos. Que eles sejam objeto de meditação.

IX

O EXÉRCITO EM MARCHA

Sun Tzu disse:

Agora chegamos ao momento de acampar um exército e, de lá, observar sinais que vêm do inimigo. Passe rapidamente pelas montanhas, fique mais perto dos vales.

Acampe sempre no alto. Um exército não deve marchar para cima para lutar. E isso é tudo sobre a guerra em montanhas.

Depois de cruzar um rio, afaste-se de suas margens.

Quando uma força invasora inimiga cruzar um rio em sua marcha de conquista, não avance para enfrentá-la no meio da correnteza. O melhor é deixar que todo o exército inimigo atravesse para o outro lado e só então abrir o ataque.

Mesmo quando há ansiedade para iniciar uma luta, não devemos confrontar o invasor perto das margens de um rio que ele pretende cruzar.

Amarre suas embarcações rio acima em relação às do inimigo e faça-o de frente para o sol. Não suba a correnteza de um rio para enfrentar o inimigo. E isso é tudo sobre a guerra em rios.

Tirando vantagem do terreno

Ao cruzar terrenos pantanosos, deve haver uma única preocupação: a de fazê-lo rapidamente, sem delongas.

Se for imperioso lutar em pântanos, é melhor ter a água e as vegetações baixas por perto e as árvores maiores às suas costas. E isso é tudo sobre guerra em pântanos.

Em terreno seco e nivelado, estabeleça sua posição em local de fácil acesso, procurando ter aclives à direita e na retaguarda para que qualquer perigo venha de frente e a retaguarda fique em segurança. E isso é tudo a respeito de terrenos nivelados.

A seguir, os quatro conceitos de sabedoria militar que permitiram ao Imperador Amarelo vencer vários soberanos.

Durante batalhas e manobras, os exércitos devem preferir terrenos altos em detrimento dos baixos e locais ensolarados em detrimento dos sombreados. Se houver cuidados básicos com os homens e o acampamento estiver em terreno firme, o exército ficará livre de doenças, e isso já é o som da vitória.

Quando encontrar uma colina ou banco de areia, ocupe o lado voltado para o sol e deixe a encosta na retaguarda direita. Dessa maneira, há uma dupla vantagem: os benefícios para os soldados e uma configuração natural de terreno que pode ser vantajosa.

Quando, por causa de chuvas pesadas nas cabeceiras, um rio que deverá ser cruzado estiver cheio e coberto de espuma, é preciso esperar que ele baixe. Terrenos onde haja encostas íngremes com torrentes caudalosas ao fundo, precipícios naturais, passagens estreitas, bosques fechados, rachaduras no solo ou depressões encharcadas de lama devem ser abandonados o mais rápido possível, ou nem sequer considerados.

Enquanto tentamos manter distância de tais locais, é preciso atrair o inimigo para lá; enquanto tentamos manter tais locais de dificuldades sempre à nossa frente, é preciso deixar que o inimigo os tenha à retaguarda.

Emboscadas e espiões

Se houver, nos arredores do acampamento, um terreno com ondulações naturais, um lago com plantas aquáticas, uma bacia profunda coberta de vegetação ou um bosque com arbustos densos, será preciso palmilhá-lo com muito cuidado; porque é esse tipo de lugar que esconde emboscadas ou espiões à espreita de seus homens.

Quando o inimigo está bem perto, à vista, mas continua quieto, é porque está seguro sobre a força da posição que ocupa.

Quando ele faz muito barulho e tenta provocar o início da batalha, é porque quer que o outro lado avance primeiro.

Se o acampamento dele é de fácil acesso, tal atitude demonstra a possibilidade de uma armadilha.

O movimento das árvores de uma floresta sinaliza o avanço do inimigo. O surgimento de proteções cravadas em meio ao capim alto sinaliza que o inimigo deseja nossa inquietude.

O levantar do voo de aves é sinal de emboscada sendo armada. Animais assustados indicam que um ataque súbito é iminente.

Quando há colunas de poeira formando nuvens altas, é sinal de que há carros avançando; quando a nuvem de poeira é baixa, mas se espalha por uma área extensa, é sinal de que a infantaria está avançando. Quando há pouca poeira em várias direções, é sinal de que equipes foram enviadas para a coleta de lenha. Nuvens estáveis de poeira significam que o exército inimigo está armando seu acampamento.

O eco longínquo de vozes em tom conciliador, ao mesmo tempo que se percebe uma movimentação crescente do inimigo, é sinal de que seu avanço é iminente. Linguajar mais violento e sinais de movimentação para a frente, com a aparência de um ataque, podem ser sinal de retirada.

Inteligência do exército

Quando se vê que há carros leves que tomam posição nas laterais, é sinal de que o inimigo está entrando em formação para a luta.

Propostas de paz que não venham acompanhadas de documento de compromisso indicam uma armadilha.

Quando se veem correrias de um lugar para outro, é sinal de que o momento crítico chegou.

Quando se vê que algumas unidades do inimigo avançam, enquanto outras recuam, é sinal de que ele arma um engodo.

Quando os soldados do inimigo são vistos apoiados em suas espadas, é porque estão quase desmaiando de fome.

Se as equipes enviadas para pegar água bebem no próprio local, antes de encetar a volta, é porque o exército inimigo esgotou sua reserva de água potável.

Se o inimigo se apercebe de uma vantagem ao seu alcance e não se esforça para obtê-la, é porque seus soldados estão exaustos.

Se for possível ver aves concentradas em determinado ponto, é sinal de que não há ninguém por lá. Vociferações durante a noite demonstram nervosismo do inimigo.

Sinais significativos

Se a inteligência do seu exército descobriu que há ânimos exaltados no acampamento inimigo, isso é sinal de que a autoridade do comandante em chefe está enfraquecida. Se for possível ver estandartes e bandeiras que mudam sem parar de posição, é porque há uma rebelião. Se os relatórios indicam que os oficiais estão zangados, é porque os homens estão exaustos.

Quando um exército inimigo alimenta os cavalos com cereais e mata os bois para obter carne, quando os soldados não penduram de volta suas panelas sobre as fogueiras, no aguardo da próxima refeição, isso é sinal de que vão lutar até a morte.

A visão de grupos pequenos cochichando entre si ou falando em voz baixa aponta para uma insatisfação entre soldados e oficiais.

Premiações muito frequentes significam que o inimigo está quase sem recursos. Punições muito frequentes significam que ele está sob grande tensão.

Dar início a uma carga de ataque com grande ímpeto e logo depois se recolher em demonstrações de medo significa suprema falta de inteligência.

Quando mensageiros são enviados com cumprimentos da liderança inimiga, é sinal de que há desejo de trégua.

Se as tropas inimigas iniciam a marcha para a frente com grande energia, mas param a pouca distância das suas e lá ficam por longo tempo sem começar a batalha nem executar uma retirada, a situação exige grande atenção e reflexão.

Se suas tropas não são mais numerosas do que as do inimigo, isso é um dado determinante; quer dizer que nenhum ataque direto deverá ser empreendido. O que há para fazer nessa situação é simplesmente manter a concentração de todas as forças disponíveis, ficar de olho no inimigo e pedir reforços.

Aquele que não exercita o pensamento e subestima seus oponentes arrisca-se a ser capturado por eles.

Se seus soldados forem punidos antes de terem a oportunidade de desenvolver um sentimento de lealdade ao líder, não se mostrarão submissos; e, sem se mostrarem submissos, serão praticamente inúteis como soldados. Se depois que seus soldados desenvolveram lealdade ao líder não receberem punição nenhuma, também se tornarão inúteis.

Assim, soldados devem ser tratados primeiro com humanidade, mas sem deixar de ser controlados por uma disciplina férrea. Esse é um dos caminhos seguros que levam à vitória.

Se durante o treinamento dos soldados todas as ordens forem obedecidas normalmente, o exército terá boa disciplina.

Se um general demonstrar confiança em seus homens, sem deixar de averiguar que suas ordens sejam cumpridas, todos se beneficiarão.

X

CLASSIFICAÇÃO DE TERRENO

Sun Tzu disse:

Podemos classificar o terreno de uma batalha em seis tipos: terreno acessível, terreno emaranhado, terreno de temporização, passagens estreitas, aclives altos e íngremes e posições muito afastadas do inimigo.

Acessível. Terreno que pode ser atravessado sem dificuldade tanto na ida quanto na volta. Em relação a terrenos desse tipo, o importante é ocupar, antes do inimigo, as partes mais altas e mais ensolaradas e garantir as linhas de suprimentos. Dessa maneira é possível lutar com vantagem.

Emaranhado. Terreno que, uma vez abandonado, é difícil de ser retomado. É possível, a partir de uma posição em terreno desse tipo, avançar contra um inimigo não preparado e derrotá-lo. Mas, se o inimigo estiver preparado e não nos for possível derrotá-lo, voltar à posição inicial será impossível e o desastre se seguirá.

Temporização. Quando a posição-alvo tem determinadas características que fazem com que nenhum dos lados se beneficie por iniciar o ataque. Quando há tal situação, mesmo se o inimigo nos jogar uma isca atraente, é aconselhável não só não ir em frente, mas, ao contrário, fazer uma retirada — o que incitará o inimigo a atacar; assim, quando parte do exército dele já estiver em movimento, poderemos armar nosso ataque com vantagem.

Passagens estreitas. Se der para ocupá-las primeiro, guarneça-as bem e espere a vinda do inimigo. Se o inimigo tomar a dianteira e ocupar a passagem, não o persiga caso a passagem esteja bem fortificada; só o faça se estiver fracamente guarnecida.

Aclives. Devemos ocupar pontos elevados e ensolarados e esperar o inimigo. Se o inimigo ocupar esses pontos antes, não o siga, mas arme uma retirada para induzi-lo a uma perseguição que o afastará desses pontos.

Afastamento. Se seus homens estiverem muito longe do inimigo e a força dos dois exércitos for equivalente, não será fácil provocar uma batalha e a luta poderá lhe trazer desvantagem.

São esses os seis tipos de terrenos. O general responsável deve estudá-los muito bem.

Calamidades que nascem de erros

Qualquer exército está vulnerável a seis tipos de calamidades que não advêm de causas naturais, mas de erros do comandante. São eles: debandada, insubordinação, colapso, ruína, desorganização e aniquilamento.

Quando dois exércitos se veem em confronto, com todas as condições em equivalência, mas um deles é dez vezes maior que o outro, o resultado é a *debandada* daquele que está em desvantagem.

Quando os soldados de um exército são muito fortes e seus oficiais muito fracos, o resultado é a *insubordinação*. Quando os oficiais são muito fortes e os soldados muito fracos, o resultado é o *colapso*.

Quando os oficiais superiores de um exército estão zangados ou são insubordinados, e quando em face do inimigo o enfrentam de forma independente, a partir das próprias ideias ou de um sentimento de ressentimento e antes que o comandante possa dizer se há ou não um posicionamento adequado à luta, o resultado é a *ruína*.

Quando o general é fraco e sem autoridade; quando suas ordens não são claras e bem-entendidas; quando seus oficiais e homens não têm a seu encargo obrigações constantes e diárias; e quando as fileiras se formam aleatoriamente, o resultado é uma grande *desorganização*.

Quando o general, incapaz de avaliar a força do inimigo, permite que uma força inferior lute com uma superior ou designa um destacamento fraco para enfrentar um poderoso; e se ele se esquece de colocar seus melhores soldados nas linhas de frente, o resultado é o *aniquilamento*.

Essas são as seis maneiras de cortejar a derrota e precisam ser cuidadosamente estudadas pelo general no comando ativo e serviço.

Testes de um bom comando

A formação natural do território é o melhor aliado de um soldado; mas a capacidade de bem-avaliar o adversário, de exercer o controle sobre as forças que levam à vitória, de fazer cálculos astutos sobre dificuldades, perigos e distâncias, eis o teste de um grande general.

Aquele que souber fazer tais coisas e, ao lutar, puser em prática tudo aquilo que sabe, irá vencer as batalhas. Aquele que não souber será seguramente derrotado.

Se a batalha tem grande possibilidade de resultar em vitória, deve-se lutar, ainda que o soberano o proíba; se a batalha prometer algo diferente da vitória, não se deve lutar, ainda que o soberano o exija.

O general que parte para o ataque sem pensar na fama e faz a retirada sem temer a desgraça, o general que tem como único pensamento proteger seu país e prestar bons serviços a seu soberano é uma joia do reino.

Pense em seus soldados como seus filhos, e eles irão segui-lo para onde for. Cuide deles como se fossem filhos amados, e eles ficarão a seu lado até mesmo na morte.

Se, contudo, o líder for indulgente demais ou inapto na observância de sua autoridade; bondoso, mas incapaz de fazer com que suas ordens sejam cumpridas; e não conseguir, além de tudo, apaziguar desavenças, então seus soldados serão crianças mimadas e inúteis para qualquer propósito prático.

Se soubermos que nossos homens estão em condições de ataque, mas não soubermos da eventual vulnerabilidade do inimigo a esse ataque, teremos apenas metade das possibilidades de vitória.

Se soubermos que o inimigo está vulnerável a um ataque de nossas tropas, mas não soubermos das condições de nossos homens para exercer esse ataque, teremos apenas metade das possibilidades de vitória.

Se soubermos que o inimigo está vulnerável a um ataque de nossas tropas e que nossos homens estão em condições de executar esse ataque, mas não soubermos da natureza do terreno em que se dará essa luta, teremos apenas metade das possibilidades de vitória.

Sabendo disso, o soldado experiente, uma vez iniciada sua ação, nunca fica desnorteado. Uma vez deixando para trás seu acampamento, não permite que uma surpresa o perca.

Então é por isso que existe o ditado: se você conhecer o inimigo e conhecer a si mesmo, sua vitória será certa; se conhecer o Paraíso e a Terra, sua vitória será total.

XI

OS NOVE POSICIONAMENTOS

Sun Tzu disse:

A arte da guerra reconhece nove posicionamentos geográficos: posicionamento dispersivo, posicionamento facilitado, posicionamento disputado, posicionamento aberto, posicionamento em encruzilhadas, posicionamento profundo, posicionamento de dificuldades, posicionamento sujeito a cerco e posicionamento desesperador.

Dispersivo. Posicionamento em que um chefe luta no próprio território.

Facilitado. Posicionamento adquirido após penetração em território inimigo, mas perto da linha divisória, com fácil retirada.

Disputado. Posicionamento cuja posse significa grandes vantagens para os dois lados.

Aberto. Posicionamento em que os dois lados têm ampla liberdade de movimento.

Em encruzilhadas. Posicionamento em que há o encontro de três territórios vizinhos, de modo que aquele que o ocupar primeiro terá a maior parte do império sob seu comando.

Profundo. Posicionamento de um exército que penetrou fundo no território inimigo, deixando várias cidades fortificadas para trás.

De dificuldades. Posicionamento com florestas montanhosas, escarpas irregulares, pântanos e brejos — todo território que seja difícil atravessar.

Sujeito a cerco. Posicionamento cujos acessos são gargantas estreitas e do qual a retirada depende de trilhas tortuosas, de modo que um pequeno número de soldados inimigos é o suficiente para cercar uma grande formação de nossos homens.

Desesperador. Posicionamento em que nossa única chance de escapar da destruição é lutar imediatamente.

Utilização do terreno

Quando em posicionamento dispersivo, não lute.

Quando em posicionamento facilitado, não pare.

Quando em posicionamento disputado, não ataque.

Quando em posicionamento aberto, não tente bloquear o movimento do inimigo.

Quando em posicionamento em encruzilhadas, aproxime-se de seus aliados.

Quando em posicionamento profundo, comece a pilhagem.

Quando em posicionamento sujeito a cerco, lance mão de estratagemas.

Quando em posicionamento desesperador, lute.

Aqueles que, em antigas eras, eram chamados de líderes de valor, sabiam como se pôr, qual uma cunha, entre as linhas de frente e a retaguarda de um inimigo; como impedir que as divisões menores de um inimigo recebessem a ajuda das divisões maiores; como fazer para que regimentos em bom estado de luta não conseguissem resgatar os que estavam em má situação; e aqueles líderes de valor sabiam como fazer para impedir que os oficiais inimigos reagrupassem seus soldados.

Táticas de líderes de valor

Quando os homens do inimigo se dispersavam, os líderes de valor impediam sua concentração; e, quando os homens do inimigo estavam concentrados, esses líderes tinham maneiras de mantê-los em confusão.

Quando havia vantagens a serem conquistadas, esses líderes faziam seus movimentos de ataque; do contrário, mantinham-se estáticos.

Se me perguntassem o que fazer frente a uma massa compacta de inimigos formados de maneira concatenada e prestes a iniciar o movimento de ataque, eu diria: "Comece por tomar alguma coisa que tenha muito valor para ele, e ele se mostrará mais flexível."

A rapidez é a própria essência da guerra. Tire vantagem de um inimigo que se atrasou em seus preparativos, movimente-se por caminhos inesperados e ataque pontos desprotegidos.

Os seguintes tópicos devem ser observados por uma força invasora: quanto mais avançar dentro do território inimigo, mais solidária ela estará e mais difícil ficará a tarefa dos defensores do território.

Faça incursões em vales férteis para poder suprir suas tropas com os alimentos apreendidos.

Observe cuidadosamente o bem-estar de seus homens e não exija em excesso. Concentre sua energia, acumule sua força. Mantenha sua tropa em movimento e arquitete planos surpreendentes. Ponha seus soldados em posicionamentos sem saída, e eles preferirão a morte à fuga. Tanto os oficiais quanto os homens darão tudo de si.

Quando as tropas lutam duramente

Soldados em posicionamentos desesperadores perdem o senso do perigo. Mesmo sem ter local de refúgio, eles se manterão firmes. Mesmo no coração de um país hostil, os soldados se mostrarão em uma frente unida e obstinada. Mesmo sem possibilidade de socorro, lutarão duramente.

Assim, sem esperar o recebimento de ordens, os soldados estarão constantemente em alerta e atentos; sem esperar que lhes peçam, farão a vontade do líder; sem punições, serão fiéis; sem haver troca de palavras, pode-se confiar neles.

Proíba-os de procurar sinais do além e livre a tropa de indecisões supersticiosas. Desse modo, até que a morte sobrevenha, nenhuma calamidade que se pareça com uma predestinação do destino precisará ser temida.

Se nossos soldados não carregam o peso do dinheiro em seus bolsos, não é por repulsa à riqueza; se a vida deles não é excepcionalmente longa, não é porque não tenham inclinação para a longevidade.

No dia em que são mandados para a batalha, seus soldados podem chorar, os que estão de pé molharão suas malhas com as lágrimas, os que estão deitados molharão as faces. Mas uma vez levados para o *front* demonstrarão a mesma coragem de qualquer um de nossos heróis.

Táticas de *shuai-jan*

Um bom especialista em táticas pode ser comparado à *shuai-jan*, a cobra nativa das montanhas Ch'ang. Quem atingir sua cabeça será atacado por sua cauda; quem atingir sua cauda será atacado por sua cabeça; quem atingir o meio de seu corpo será atacado tanto pela cabeça quanto pela cauda.

Se me perguntarem se um exército pode imitar uma *shuai-jan*, eu responderei que sim. Pois os homens de Wu e os homens de Yüeh são inimigos e, mesmo assim, se ao cruzar um rio estiverem em um mesmo barco e houver uma tempestade, uns e outros se aproximarão e se ajudarão como uma mão ajuda a outra. Desse modo, não será suficiente, para manter a coesão das tropas, prender firmemente os cavalos ou enterrar na areia as rodas dos carros.

Coragem e discrição

Há uma regra para facilitar a administração de um exército, que é estabelecer um padrão de coragem a ser atingido por todos, indiscriminadamente. Mas como tirar o melhor dos fracos e dos fortes é uma questão que envolve saber usar as circunstâncias de cada posicionamento.

Assim, um general habilidoso conduz seu exército como se guiasse um único homem, aos poucos, pela mão.

É da natureza da função de um general ser calado e, assim, garantir a discrição; deve ser honrado e justo e, assim, garantir a ordem. Deve ser capaz de enganar seus oficiais e homens através de relatórios falsos e falsas aparências para mantê-los em total ignorância.

Alterando seus arranjos e disposições e mudando seus planos, ele faz com que o inimigo não consiga um conhecimento preciso de quais serão seus movimentos. Ao mudar de lugar um acampamento, ao usar estradas tortuosas e indiretas, ele impede que o inimigo se antecipe a seus propósitos.

Perante o momento crítico, o líder de um exército deve agir como alguém que subiu em um telhado e chutou a escada atrás de si.

E primeiro fará incursões profundas com seus homens no território hostil antes de mostrar a eles as cartas que tem na mão.

Ele queima seus navios e quebra suas panelas; como um pastor conduzindo um rebanho de ovelhas, ele conduz seus homens para cá e para lá, e ninguém sabe para onde vai.

Ser o mestre de seu rebanho e levá-lo para onde está o perigo — assim pode ser definido o trabalho de um general.

As diferentes medidas a tomar a partir de cada um dos nove posicionamentos possíveis; a rapidez em táticas defensivas e agressivas; e as leis fundamentais da natureza humana, eis o que realmente precisa ser estudado.

Ao invadir um território hostil, o básico a saber é que todas as incursões profundas provocam coesão nas tropas invasoras; e as incursões superficiais provocam dispersão.

Em território estrangeiro

Deixar um país para trás e entrar com seu exército em território estrangeiro significa pôr-se em posicionamento crítico. Quando há meios de comunicação e contato por todos os lados, o posicionamento é de encruzilhadas.

Quando se avança muito em um território, é um posicionamento profundo. Quando a incursão é superficial, é um posicionamento facilitado.

Quando o inimigo tem forças consistentes à sua retaguarda e à sua frente há apenas passagens estreitas, é um posicionamento sujeito a cerco. Quando não há onde obter refúgio, é um posicionamento desesperador.

Assim, em posicionamento dispersivo, devo inspirar meus homens para que mantenham a coerência de propósitos. Em posicionamento facilitado, devo garantir que haja uma ligação direta entre todos os meus regimentos.

Em posicionamento disputado, devo apressar as tropas de retaguarda.

Em posicionamento aberto, devo manter minha atenção na defesa. Em encruzilhadas, preciso consolidar minhas alianças. Em posicionamento profundo, devo assegurar um fluxo contínuo de suprimentos.

Em terrenos difíceis, devo manter a pressão na caminhada.

Em posicionamentos sujeitos a cerco, devo impedir qualquer possibilidade de retirada. Em posicionamentos desesperadores, devo declarar aos meus soldados a inutilidade em tentar salvar sua vida. Pois é da disposição de um soldado oferecer resistência obstinada quando cercado, lutar duramente quando sem possibilidade de receber ajuda e obedecer prontamente quando em perigo.

Não podemos aceitar alianças com príncipes vizinhos até termos certeza de seus desígnios. Não estamos aptos a liderar um exército em marcha a menos que estejamos familiarizados com os aspectos do território — montanhas e florestas, cascatas e precipícios, pântanos e lagos. Não poderemos nos aproveitar das vantagens naturais de um terreno a menos que tenhamos guias locais para nosso uso.

Princípios de importância

Ignorar qualquer um dos seguintes princípios não é digno de um príncipe da guerra.

Quando um príncipe da guerra atacar um Estado poderoso, sua destreza de líder se tornará visível ao impedir que o inimigo concentre suas forças. O príncipe intimidará seus oponentes e fará com que os aliados deles fiquem impossibilitados de agregar suas forças contra ele.

Assim, o príncipe não precisa correr para obter alianças com qualquer um, nem com isso promove o poderio de outros principados. Ele leva em frente os próprios e secretos desígnios, mantendo seus antagonistas atemorizados. É assim que ele consegue capturar cidades e derrubar reinos.

Conceda prêmios independentemente de regulamentos, dê ordens independentemente do que foi estabelecido antes, e você será capaz de lidar com um exército.

Apresente a seus soldados somente a descrição da ação em si, nunca informando o propósito dela. Quando as previsões forem positivas, revele-as para eles; mas não diga nada quando os prognósticos forem sombrios.

Ponha seu exército em perigo mortal e ele sobreviverá; afunde-o em posicionamentos desesperadores e ele surgirá salvo.

Porque é justamente quando a força cai nos braços do perigo que ela se torna capaz de dar um salto para a vitória.

Obter o sucesso na guerra inclui nos acomodarmos, cuidadosamente, aos propósitos do inimigo.

Acomodar-se ao inimigo

Se ficarmos grudados no inimigo tempo suficiente, acabaremos conseguindo matar seu comandante em chefe. Isso se chama capacidade de obter algo através de pura sagacidade.

No dia em que se assume o comando, é preciso bloquear os passes de fronteira, anular os passaportes dos oficiais e impedir a livre passagem de todos os emissários.

Seja austero nas salas de conselho para manter o controle da situação.

Se o inimigo deixar uma porta aberta, entre.

Desestabilize seu oponente tomando o que lhe é caro, manipule o tempo dele para determinar quando ele chegará ao local da batalha.

Siga o caminho definido pelas regras e acomode-se ao inimigo até o momento da batalha decisiva.

Comece, pois, exibindo a timidez de uma virgem, até que o inimigo abra a guarda; depois, imite a rapidez do cavalo a galope, e será muito tarde para que o inimigo lhe faça oposição.

XII

ATAQUE POR FOGO

Sun Tzu disse:

Há cinco maneiras de atacar com fogo. A primeira é queimar os soldados em seu acampamento; a segunda é queimar seus almoxarifados de suprimentos; a terceira é queimar seus trens de carga; a quarta é queimar os arsenais de armas e munições; a quinta é lançar bolas de fogo em meio ao inimigo.

Para levar adiante um ataque com fogo, precisamos ter os meios para isso; o material de combustão deve estar sempre disponível.

Há uma estação apropriada para fazer ataques com fogo e dias apropriados para iniciar a conflagração.

A estação apropriada é a de clima muito seco; e os dias apropriados são aqueles em que a Lua está nas constelações de Sagitário, Touro, Leão e Aquário; pois são dias de grande vento.

Em um ataque com fogo, precisamos estar preparados para enfrentar cinco desenvolvimentos possíveis de nossas ações:

Quando o fogo se alastrar no acampamento inimigo, responda imediatamente com um ataque do lado de fora.

Se houver a eclosão de um incêndio, mas os soldados do inimigo se mantiverem quietos, fique quieto também.

Quando a força das chamas estiver em seu ápice, inicie o ataque, caso isso seja possível; do contrário, fique onde está.

Se puder fazer um ataque com fogo sem entrar nele, não espere que ele se espalhe; ao contrário, escolha logo um momento favorável.

Quando iniciar um incêndio, mantenha-se fora da direção do vento. Não ataque contra o vento.

O vento que se levanta durante o dia dura bastante, mas a brisa noturna arrefece logo.

O uso do fogo e da água

Em qualquer exército, os cinco desenvolvimentos referentes ao ataque com fogo precisam ser conhecidos; os movimentos das estrelas calculados e os dias apropriados devem ser observados.

Assim, aqueles que usam o fogo como aliado em um ataque demonstram inteligência; aqueles que usam a água como aliada em um ataque ascendem a um nível mais alto de força.

Por meio da água, um inimigo pode ser interceptado, mas não será destituído de todos os seus bens.

Infeliz será o destino daquele que tentar vencer suas batalhas e ser bem-sucedido em seus ataques, mas que não cultiva o espírito empreendedor, criador; porque o resultado será a perda de tempo e a estagnação geral.

Daí vem o ditado: um governante esclarecido estabelece planos com grande antecedência; um bom general cultiva e faz crescer seus recursos.

Não comece a se movimentar a não ser que haja uma vantagem a ser obtida; não utilize suas tropas em batalhas a não ser que haja algo a ser ganho; não lute, a não ser que seu posicionamento seja crítico.

Nenhum governante deve pôr suas tropas em campo simplesmente para gratificar seu bom humor; nenhum general deve lutar apenas por causa de seu mau humor.

Se for vantajoso ir em frente, vá em frente; se não for, fique onde está.

Raiva eventualmente se transforma em alegria, tormento em contentamento.

Mas um reino que for destruído um dia nunca voltará a ser o que era; nem o morto pode voltar à vida.

Assim, o governante esclarecido faz muitas ponderações, e o bom general age com muito cuidado. Essa é a maneira de manter um país em paz e um exército intacto.

XIII

O USO DE ESPIÕES

Sun Tzu disse:

Levantar uma multidão de centenas de milhares de homens e fazê-los marchar por grandes distâncias leva a uma perda grande de vidas e ao esgotamento dos recursos do Estado. Os gastos diários chegarão a milhares de onças de prata. Haverá comoção nas casas e fora delas, e os homens cairão de exaustão pelas estradas. Centenas de milhares de famílias ficarão impedidas de seguir com seus trabalhos.

Exércitos hostis podem se enfrentar por anos, buscando uma vitória que será decidida em um único dia. Desse modo, ignorar as condições do inimigo só porque alguém deseja o valor de algumas centenas de onças de prata em honrarias e emolumentos é o cúmulo da desumanidade.

Quem age assim não é líder de homens, não está a postos para ajudar seu soberano, não é um mestre em vitórias.

Assim, o que permite que um soberano sábio e um bom general consigam ataques e conquistas, e consigam coisas além do alcance do homem comum, é sua atenção ao *conhecimento prévio.*

Agora, esse conhecimento prévio não pode ser recebido através de espíritos; não pode ser obtido por indução a partir da experiência nem por cálculos dedutivos.

Tipos de espiões

O conhecimento das disposições do inimigo só pode ser obtido por contato humano. Daí o uso de espiões, que se dividem em cinco classes: locais, de dentro, convertidos, a descoberto e sobreviventes.

Quando os cinco tipos de espiões estão ativos, ninguém consegue descobrir todas as ramificações de seu sistema secreto de espionagem. Isso é chamado de "divina manipulação de cordéis". É a habilidade mais preciosa de um soberano.

Espiões locais são oriundos da população local.

Espiões de dentro são oficiais do inimigo.

Espiões convertidos são os espiões do inimigo usados para nossos próprios fins.

Espiões a descoberto são espiões que fazem determinadas ações especialmente para que sejam descobertos, permitindo outras ações dos verdadeiros espiões.

Espiões sobreviventes são aqueles que trazem novidades do campo inimigo.

Daí se dizer que com ninguém, em todo o exército, devemos manter relações mais próximas do que com os espiões. Ninguém deverá ser recompensado mais prodigamente. Em nenhuma outra atividade a discrição é tão necessária. Espiões não serão úteis se não tiverem certa sagacidade intuitiva.

Métodos de espionagem

Espiões não podem ser tratados adequadamente sem benevolência e franqueza.

Sem lançarmos mão de nossa perspicácia mental, não poderemos ter certeza da verdade de seus relatórios. Tenha sutileza e use espiões em qualquer uma de suas atividades.

Se uma informação for divulgada por um espião antes da hora certa, ele deverá ser executado com a pessoa para a qual contou o segredo.

Seja qual for o assunto — esmagar um exército, atacar uma cidade ou assassinar um indivíduo —, o começo de tudo será sempre descobrir o nome dos assistentes, ajudantes de ordem, porteiros e sentinelas da pessoa no poder.

Os espiões do inimigo que se infiltraram em nosso campo devem ser detectados, corrompidos com propinas, levados para longe e instalados com todo conforto. Dessa maneira, eles se tornarão espiões convertidos e estarão disponíveis para nosso serviço.

Será através da informação trazida pelos espiões convertidos que cooptaremos e empregaremos espiões oriundos da população local e espiões de dentro do oficialato do inimigo.

Será também a partir da informação obtida pelos espiões do inimigo convertidos a nosso uso que poderemos formar os espiões a descoberto, aqueles que carregarão falsos indícios ao inimigo, de propósito.

E, por fim, será a partir dessa informação que poderemos ter espiões sobreviventes a serem usados em operações pontuais.

A finalidade e a meta da espionagem

A finalidade da espionagem em todas as cinco categorias é conhecer o inimigo, e esse conhecimento só pode vir, em um primeiro momento, do espião do inimigo convertido a nosso uso. Assim sendo, é essencial que um espião convertido seja tratado com grande prodigalidade.

Em tempos idos, a ascensão da Dinastia Yin se deu graças a I Chih, que serviu sob o comando de Hsia. Da mesma maneira, a ascensão da Dinastia Chou deveu-se a Lü Ya, que serviu sob o comando de Yin.

Desse modo, somente o governante esclarecido e o general sábio farão o melhor uso da inteligência militar no que se refere à espionagem, obtendo grandes resultados. Espiões constituem um dos elementos mais importantes da guerra, porque deles depende em grande escala a capacidade de ação de um exército.

Sobre o autor

Considerado um dos maiores estrategistas bélicos, Sun Tzu foi um general chinês e profundo conhecedor de táticas militares, alcançando em sua carreira inúmeras vitórias. As ideias de sua obra mais conhecida, *A arte da guerra*, foram adotadas por consultores e executivos das mais variadas áreas, por serem, até hoje, consideradas de grande importância nos campos militares e estratégicos. Apesar de não haver uma biografia fidedigna de Sun Tzu, sabe-se que ele viveu na China por volta do século IV a.C.

Conheça os títulos da

Coleção Clássicos para Todos

A Abadia de Northanger – Jane Austen
A arte da guerra – Sun Tzu
A revolução dos bichos – George Orwell
Alexandre e César – Plutarco
Antologia poética – Fernando Pessoa
Apologia de Sócrates – Platão
Auto da Compadecida – Ariano Suassuna
Como manter a calma – Sêneca
Do contrato social – Jean-Jacques Rousseau
Dom Casmurro – Machado de Assis
Feliz Ano Novo – Rubem Fonseca
Frankenstein ou o Prometeu moderno – Mary Shelley
Hamlet – William Shakespeare
Manifesto do Partido Comunista – Karl Marx
Memórias de um sargento de milícias – Manuel Antônio de Almeida
Notas do subsolo & O grande inquisidor – Fiódor Dostoiévski
O albatroz azul – João Ubaldo Ribeiro
O anticristo – Friedrich Nietzsche
O Bem-Amado – Dias Gomes
O livro de cinco anéis – Miyamoto Musashi
O pagador de promessas – Dias Gomes
O Pequeno Príncipe – Antoine de Saint-Exupéry
O príncipe – Nicolau Maquiavel
Poemas escolhidos – Ferreira Gullar
Rei Édipo & Antígona – Sófocles
Romeu e Julieta – William Shakespeare
Sonetos – Camões
Triste fim de Policarpo Quaresma – Lima Barreto
Um teto todo seu – Virginia Woolf
Vestido de noiva – Nelson Rodrigues

Direção editorial
Daniele Cajueiro

Editores responsáveis
André Seffrin
Ana Carla Sousa

Produção editorial
Adriana Torres
Júlia Ribeiro
Laiane Flores
Mariana Lucena
Juliana Borel

Revisão
Rita Godoy

Capa
Sérgio Campante

Diagramação
Douglas Kenji Watanabe
Marina Lima

Este livro foi impresso em 2022
para a Nova Fronteira.